KB232448

십대 크리스천 문화를 개척하는
40주제 생활 성경공부

왜 기독교인가?

이 진 우 지음

1판 1쇄 / 2003. 1. 20
1판 2쇄 / 2003. 4. 20
발행처 / 말씀과만남
발행인 / 최 헌 근
등록번호 / 제20-444호
등록일자 / 1991. 6. 19

138-220 서울특별시 송파구 잠실동 339-3
Tel : (02) 3273-8369, Fax : (02) 3273-8367
전자우편 : mmpress@hanmail.net

ISBN 89-7508-030-7
      89-7508-031-5(전4권)

정가 : 2,500원

잘못된 책은 바꾸어 드립니다.

왜 기독교인가?

십대 크리스천 문화를 개척하는
40주제 생활 성경공부

왜 기독교인가?

이진우 지음

말씀과만남

글쓴이 이진우 목사는 일찍이 1985년에 중고등부용 『52주 성경공부』를 펴냄으로 한국 교회 청소년 제자훈련의 초석을 놓았다. 그 후 총회교육국을 거쳐 숭의여자중학교에서 교목으로 사역하며 수많은 청년, 청소년 집회와 교사 세미나에 강사로 활동했다.

그는 1990년대 초에 이미 단상집 및 교회 교육에 관한 책들과 다양한 성경공부 교재를 편찬해냈는데 간결한 문체와 때묻지 않은 내용 전개로 독자들로부터 많은 사랑을 받은 저술가였다. 그러던 중 도영하여 수학하며, 유학생 중심의 코벤트리 한인 교회를 잉글랜드 중부에 개척 자립한 후 견실한 교회로 일궈냈다.

총신대 종교교육학과와 동 신대원(BA, M. DIV.), 그리고 아신대대학원(Th. M.)을 졸업했으며, 영국 카펜웨이 바이블 스쿨과 미국 버지니아 리버티신학대학원 (D. Min.)을 졸업했다.

2000년 봄에 서울 창성교회의 청빙을 받아 귀국하여, 이 시대의 건강한 교회를 꿈꾸며 목회하고 있다. 또한 총신대에서 교육학과 리더십에 대하여 강의하면서 한국 교회를 섬기고 있다.

저서로는 『중고등부 40주제 생활성경공부』, 『우리는 하나님을 잊고 살지는 않는가』, 『신나는 주일학교 만들기』, 『청소년 살리기』, 『청소년 설교 이렇게』 등 다수가 있다.

이진우

P R E F A C E

"하나님이 그들(사람)에게 복을 주시며 그들에게 이르시되 생육하고 번성하여 땅에 충만하라, 땅을 정복하라, 바다의 고기와 공중의 새와 땅에 움직이는 모든 생물을 다스리라 하시니라"(창 1:28).

위 말씀을 우리는 하나님의 '문화 명령'(Cultural Mandate)이라고 부릅니다. 6일간에 걸쳐 우주 창조의 대 역사를 마치신 창조주께서는 만물의 영장으로 세우신 아담에게 그와 같은 명령을 주셨습니다. 이 명령은 훗날 예수 그리스도를 통해 주셨던 바 복음 전파를 촉구하는 '지상 명령'(The Great Commission)보다 시기적으로 앞서고 있습니다.

이제 예수 그리스도의 복음을 통하여 "새롭게 된"(고후 5:17) 사람들에게는 범죄 이전에 인간에게 주셨던 그 명령을 다시금 생각하고 실천에 옮기는 삶이 필요합니다. 특히 푸르른 예수의 젊은이들은 단지 자신이 예수를 믿고 있다는 의식 정도에 머물지 말고, 좀 더 적극적인 자세로 자신의 삶과 이 땅의 환경들에 도전할 책임이 주어져 있습니다. 더 이상 세상은 비난이나 저주의 대상이 되어서는 안 되며, 더 이상 교회도 우리의 도피처가 되어서는 안 됩니다. 마땅히 세상은 우리 그리스도인들의 일터임이 확인되어야 합니다.

그러나 나는 종종 예수를 믿는 우리의 십대들이 학교나 친구들 사이에서 주

녹이 들거나, 자신의 정체를 감추고 아예 타협해버리는 안타까운 모습을 보게 됩니다. 그 이유가 신앙이란 것은 교회에 관계되어 있는 사고나 행위이지, 이 세상의 삶에서는 별 능력이 없는 것이라는 왜곡된 생각 때문이라고 봅니다.

정말 우리가 믿는 하나님은 겨우 그 정도입니까? 성경은 우리들이 친구 관계로 아파할 때, 진로 문제로 고민할 때, 이성 친구 앞에서 멈칫거릴 때, 어떤 슬픔 앞에서 허덕일 때, 아무런 대안도 주지 못하는 단순한 종교 서적에 불과한 것입니까? 아닙니다. 성경은 놀랍게도 인간사의 모든 문제에 대한 해답을 가지고 있습니다. 살아서 역동하며 우리를 격려하고 꾸짖으며 인도해 가는 하나님의 능력의 도구가 바로 성경입니다.

이 교재 '40주제 생활 성경공부 시리즈'는 할 수 있는 한 '구체적'으로 우리 십대들이 겪는 삶의 갈등과 의문들을 추적하려 했습니다. 구성은 본문을 택하여 그 본문을 중심으로 연구해 나가는 귀납법적 방법과 주제별 방법을 적절히 혼용했습니다. 그러면서도 짜임새는 간략한 쪽을 택하여, 시간에 많은 제약을 받는 우리 기독학생들의 입장을 십분 고려했습니다.

아무쪼록 우리 십대들이 예수님을 더 사랑하고 성경을 더 아낄 수 있는 '예수 십대'들이 되기를 기원합니다.

2003년 새해
이진우

십대 크리스천 문화를 개척하는

왜 기독교인가?

40주제 생활 성경공부

C O N T E N T S

왜 기독교인가?

1. 왜 기독교인가?
2. 그리스도인과 윤리
3. 부모 그리고 가정
4. 참된 복
5. 시련의 의미
6. 참 사랑은 그 어디에?
7. 결혼의 의미
8. 자연의 청지기
9. 나라 사랑
10. 땅은 누구의 것인가?

 대중 문화

1. T · V 그리고 …
2. 기독교 문화
3. 대중 문화
4. 제사와 풍습
5. 스트레스
6. 돈 · 돈 · 돈
7. 술 한 잔이 죄될까?
8. 놀이 문화
9. 담배 그리고 마약
10. 이성교제와 순결

 자기를 용서하기

1. 가출 충동
2. 분노와의 싸움
3. 염려에서의 해방
4. 유혹에서 승리
5. 이기주의
6. 자기를 용서하기
7. 열등감의 극복
8. 건강과 비만
9. 자살, 그 병적 환희
10. 진로와 직업

 진정한 용기

1. 참된 우정
2. 겸손의 미
3. 대화의 기술
4. 근면 그리고 겸손
5. 진정한 용기
6. 언어생활
7. 성실성
8. 나의 성격
9. 공부의 의미
10. 여가선용

왜 기독교인가?

어떤 사람들은 '신'이란 에베레스트산과 같은 것이라고 합니다. 즉 모든 종교는 표현 방법과 의식이 다를 뿐이지, 결국 한 지점에 도달하는 것이라고 여기는 것입니다. 즉 종교들은 궁극적으로 같은 것이기에 기독교만이 유일한 종교라거나 기독교에만 구원이 있다는 것은 독선이라는 주장을 하곤 합니다.

정말 그럴까요? 기독교 역시 정말 아무 독특성이 없고, 다른 모든 종교처럼 그저 그런 종교의 한 종파에 불과한 것일까요?

당신은 주변에 다른 종교를 가진 어떤 친구, 그것도 당신이 아주 좋아하는 친구가 있습니까? 있다면 어떤 종교를 가진 친구인지 말해 보세요.

종교는 인류 역사에서 매우 매력있는 항목이 되어 왔습니다. 신약성경 사도행전 17장 16~23절을 읽으세요.

16 바울이 아덴에서 저희를 기다리다가 온 성에 우상이 가득한 것을 보고 마음에 분하여 17 회당에서는 유대인과 경건한 사람들과 또 저자에서는 날마다 만나는 사람들과 변론하니 18 어떤 에비구레오와 스도이고 철학자들도 바울과 쟁론할새 혹은 이르되 이 말장이가 무슨 말을 하고자 하느뇨 하고 혹은 이르되 이방 신들을 전하는 사람인가 보다 하니 이는 바울이 예수와 또 몸의 부활 전함을 인함이러라 19 붙들어 가지고 아레오바고로 가며 말하기를 우리가 너의 말하는 이 새 교가 무엇인지 알 수 있겠느냐 20 네가 무슨 이상한 것을 우리 귀에 들려 주니 그 무슨 뜻인지 알고자 하노라 하니 21 모든 아덴 사람과 거기서 나그네 된 외국인들이 가장 새로 되는 것을 말하고 듣는 이외에 달리는 시간을 쓰지 않음이더라 22 바울이 아레오바고 가운데 서서 말하되 아덴 사람들아 너희를 보니 범사에 종교성이 많도다 23 내가 두루 다니며 너희의 위하는 것들을 보다가 알지 못하는 신에게라고 새긴 단도 보았으니 그런즉 너희가 알지 못하고 위하는 그것을 내가 너희에게 알게 하리라

바울이 제 2차 전도여행 중일 때였습니다. 지금까지 그가 전한 예수 그리스도의 복음은 가는 곳마다 충돌을 일으키거나 혹은 좋은 반응을 일으켜 왔습니다. 오늘 읽은 본문에서도 마찬가지입니다.

• 아레오바고(19절) : 아덴에서 종교와 교육적 문제에 대해 책임을 가진 믿

을 만한 공회
- 종교성(22절) : 미신성을 말하며, 헬라어에서 이 단어는 어떤 사람을 칭찬 하거나 비판할 때 사용되어짐
- 알지 못하는 신(23절) : 그들은 여러 신들에게 이름을 붙여 왔는데 혹시 그 이름이 빠진 신이 있을 것이라 여겨서 그런 명칭을 붙인 것임(만일 있 다면 그를 격노케 할 것이라 생각함)

본문을 자신이 이해한 내용으로 간단히 요약해 보세요.

. . . .

. . . .

❶ 바울이 아덴에서 분노한 이유는 무엇입니까?

. . . .

말씀을
살피고

. . . .

하나님을 떠난 인간들은 어디로 가든 '종교'들을 만들어 내었습니다. 또한 대 자연을 숭배하는 것에서부터 조상신 숭배에 이르기까지 다양한 숭배를 시도했습니다.

❷ 그래서 바울은 어떤 행동을 취했나요? (17, 18절)

. . . .

이때 토론에 나선 이들은 아테네 최고의 철학자들이었습니다.

❸ 결국 어디에서 기독교를 변증할 기회를 얻게 되었습니까? (19절)

....

 ❶ 바울이 아덴 사람들의 상태를 지적한 말은 무엇입니까? 그 의미는 무엇이
라 생각합니까? (22절)

....

심지어 사람들은 '알지 못하는 신'에게까지 경배하고 있었던 것입니다.
그러나 그 종교들에는 생명이 없었습니다.

❷ 한편 하나님의 구원의 손길은 예수 그리스도를 통하여 인간에게 주어졌습
니다. 그가 하신 말씀은 무엇입니까? (요 14:6)

....

....

....

❸ 인간의 모든 종교들이 인간 쪽에서 하나님께 도달하려는 불가능한 시도들
이라면 (A), 기독교는 하나님 편에서 인간을 향해 오시는 유일한 길입니다.(B)

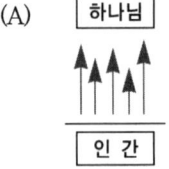　　　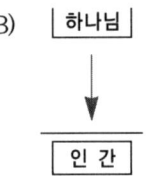

사도행전 4장 12절을 읽고 옮겨 써 보세요.

....

....

....

....

한 의학 박사가 무신론을 강의하면서 자신이 해부했던 수많은 경험을 이 **한토막 삽화**
야기한 뒤 결코 인간에게는 영혼이 없고, 고로 하나님도 필요없다고 말하
여 많은 박수를 받았습니다.
이때 할머니 한 분이 일어서서 물었습니다.
"당신은 아내를 사랑합니까?" "이제 당신이 사용하는 해부용 칼을 내게
주십시오. 당신의 그 '사랑'이 어느 부분에 있는지 당신의 배를 절개해
보겠습니다. 간 속에 있습니까? 창자 속에 있습니까?"
할머니의 이와 같은 말에 장내는 온통 웃음바다가 되었다고 합니다.

❶ 다른 종교를 가진 친구들에게 어떻게 기독교의 유일성을 말해 주시겠습니 **말씀과 함께**
까?

....

....

....

....

기독교는 종교가 아닙니다. 유일한 복음입니다. 다른 사상이나 종교들과 타협은 있을 수가 없습니다. 이것은 아집이 아니라 하나님께 대한 굴복이요 겸허한 자기 고백입니다.

그리스도인과 윤리

한국컴퓨터선교회 '대한 민국 복음화 지도'(2000년)에 의하면, 우리 나라에는 총 3만 8천 5백여 개의 교회에 1천 1백 8만의 개신교 교인 이 등록된 것으로 보고되고 있습니다. 결국 대한 민국 국민 4명 중 1 명은 기독교인이라는 것입니다. 그럼에도 불구하고 우리 사회는 여전 히 어둡고 도덕적인 타락이 눈에 띄고 있습니다. 어른들은 우리 나라 가 전에는 '동방예의지국'으로 불리웠으나, 이제는 '동방무례지국'으 로 바뀌고 있다고 탄식합니다. 도대체 이렇게 된 이유는 무엇이며 그 책임은 누구에게 있는 것일까요?

이솝 우화 '늑대와 소년'을 상기해 보고, 어떤 교훈이 있는지 나누어 봅시다.

....

....

놀랍게도 성경은 전세계적인 도덕적 타락 추세가 올 것에 대하여 경고하고 있습니다. 디모데후서 3장 1-5절을 읽으세요.

> 1 네가 이것을 알라 말세에 고통하는 때가 이르리니 2 사람들은 자기를 사랑하며 돈을 사랑하며 자긍하며 교만하며 훼방하며 부모를 거역하며 감사치 아니하며 거룩하지 아니하며 3 무정하며 원통함을 풀지 아니하며 참소하며 절제하지 못하며 사나우며 선한 것을 좋아 아니하며 4 배반하여 팔며 조급하며 자고하며 쾌락을 사랑하기를 하나님 사랑하는 것보다 더하며 5 경건의 모양은 있으나 경건의 능력은 부인하는 자니 이같은 자들에게서 네가 돌아서라

죄의 속성을 지닌 아담의 후손들이 어우러져 사는 세상에는 끊임없는 갈등과 불의함이 소용돌이 치고 있습니다. 그러나 그러한 현상이 더욱 두드러지게 나타나는 때가 있는데 바로 '말세'라고 합니다. 바울은 젊은 디모데가 그 죄악들의 성질을 파악하고 그들에게서 돌아설 것을 권고하고 있습니다.

본문을 나름대로 요약해 보세요.

....

....

❶ 성경이 말하는 도덕적 타락을 보며 오늘날 주변에서 발견되는 예를 말해 보십시오.

말씀을 살피고

• 사람들은 자기를 사랑한다.

....

• 돈을 사랑한다.

....

• 부모를 거역한다.

....

• 절제하지 못하며 사납다.

....

• 쾌락을 사랑하기를 하나님 사랑하는 것보다 더한다.

....

❷ 이런 현상들은 주로 어느 때 확연해집니까? (딤후 3:1)

....

그런 행위들에 대한 하나님의 뜻은 무엇입니까? (고후 5:10)

....

❸ 그러므로 우리 그리스도인은 지금 어떻게 해야 합니까? (딤후 3:5)

....

....

....

이제 우리는 이 시대의 현상에 깊은 책임감을 갖고, 다음을 결단해야 합니다.

❶ 그리스도인은 세계관 자체가 성경적으로 바뀌어야 합니다. 세속적, 미신적인 것이 변해 기독교 세계관을 가져야 합니다. 이 말을 예수님은 어떻게 표현하십니까? (마 9:16)

. . . .

❷ 우리의 도덕성 회복의 기준은 누가 되어야 합니까? (엡 5:1, 2)

. . . .

여기서 더 나아가 성경은 신앙심과 도덕성이 불가분의 관계에 있음을 지적하고 있습니다. 성경은 도덕성 없는 신앙심도 허용하지 않을 뿐만 아니라 신앙심 없이 도덕성을 유지할 수 있다는 망상도 배제하고 있습니다.

❸ 그러면 도덕적인 실수나 범죄는 용서받을 수 없는 것일까요? (요일 1:9)

. . . .

결정적인 범죄 — 부하의 아내를 빼앗고 부하마저 죽게 한 — 를 한 다윗도 진심의 회개로 용서를 받을 수 있었습니다(삼하 12:13 이하).

기독교인은 먼저 하나님 앞에 성실해야 합니다. 모든 사람의 눈은 속일 수 있어도 하나님은 속일 수가 없습니다. 그것이 기독교인의 윤리적 삶의 가장 핵심적인 요소이기 때문입니다. 하나님 앞에서 떳떳합니까? 그래서 때로는 고독하고, 세상의 버림을 받을 수도 있습니다. 그러나 어떤 곤경과 세상의 오해 속에서도 자기의 양심에 부끄럼 없이 그리고 하나님 앞에

당당하게 설 수 있는 인간, 그것이 기독교인의 인간상입니다. 벨라 (Robert Bellah)는 그런 인간을 가리켜 '하나님 앞에 고독한 인간' 이라고 했습니다.

❶ 당신이 가장 심각하게 느끼는 이 사회 속의 '도덕적 타락'은 무엇입니까? 그것에서 어떻게 우리 자신을 지킬 수 있을까요? 구체적으로 발표해 보세요.

말씀과
함께

부모 그리고 가정

"즐거운 곳에서는 날 오라 하여도 내 쉴 곳은 작은 집 내 집 뿐이리." 우리들 중에 얼마나 많은 사람이 이런 노래에 공감하고 있을까요? 부모님이 싫고 가정이 부담스럽다는 아이들이 적지 않습니다. 기독교는 가정을 중요시하는 원론을 가지고 있습니다. 석가는 득도(?)하기 위하여 집을 떠났으나 예수님은 한 가정을 통하여 오셨습니다. 그리고 자식으로서의 임무, 형제간의 임무를 다하신 모본을 보이셨습니다.

자, 나는 부모님과 우리 가족에게 있어 어떤 존재일까요?

당신의 가족들에 대하여 솔직하게 말해보세요(나이, 일, 나와의 관계).

마음을
열고

─────────────────────────────

─────────────────────────────

성경은 가족의 모든 구성원들에게 자상하게 삶의 지침을 주고 있습니다. 에베소서 6장 1-4절을 읽으세요.

말씀을
펴서

¹ 자녀들아 너희 부모를 주 안에서 순종하라 이것이 옳으니라 ² 네 아버지와 어머니를 공경하라 이것이 약속 있는 첫 계명이니 ³ 이는 네가 잘되고 땅에서 장수하리라 ⁴ 또 아비들아 너희 자녀를 노엽게 하지 말고 오직 주의 교양과 훈계로 양육하라

이 부분은 부모와 자녀 사이의 바른 관계에 관한 가르침을 줍니다(참조, 골 3:20, 21).

본문의
이해

• 주 안에서(1절) : 믿는 자녀들은 주님의 뜻에 어긋나지 않는 한, 부모에게
  ─ 믿지 않는 부모에게도 ─ 순종해야 한다.
• 약속 있는 첫 계명(2절) : 앞의 네 계명에는 약속이 붙어 있지 않기 때문에 이 계명은 십계명 중에서 약속이 붙어 있는 첫 계명이 된다.
• 교양(4절) : 훈련과 연단을 통하여 교육시킴을 의미

본문을 자신이 이해한대로 요약해 보세요.

─────────────────────────────

─────────────────────────────

❶ 우리 부모님과 나와의 관계는 어떠합니까? 다음의 도표에 표시해 보세요. 그 이유는 무엇이라고 생각합니까?

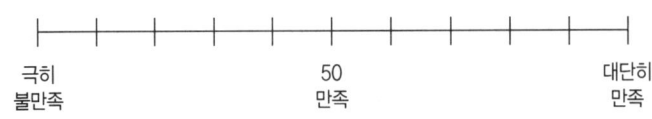

극히
불만족

50
만족

대단히
만족

이유 :
....

1절에서는 무엇이라고 명령합니까?

....

그리고 그러한 사람에게 어떤 복의 약속을 하고 있습니까?

....

❷ 반면에 부모에게는 어떤 명령을 하고 있습니까? (4절)

....

....

❶ 하나님께서 이 계명에 '약속'을 덧붙여 주신 의도는 무엇이라고 생각합니까?

....

....

예수님의 경우는 어떠했을까요? (눅 2:51)

❷ 한편 나의 형제간 우애는 요즘 어떠합니까? (혼자인 경우에는 가까운 친척을 생각해 보십시오.) 만일 문제가 있으면 내 쪽에서 할 수 있는 일은 무엇이 있을까요?

창세기 50장 18-21절에서 발견하는 원리는 무엇입니까?

믿음이 있는 성공적인 대화를 위해 다음의 사항을 유의하십시오.

한토막
삽화

첫 번째, 먼저 상대방의 입장을 생각하라. "내가 부모였다면 …"
두 번째, 나의 잘못을 먼저 시인하라. "그것은 제 잘못입니다."
세 번째, 상대방을 용서하고 받아들이라(마 18:22).
네 번째, 믿음으로 사랑하는 법을 배우라(요 13:34-35).

※ 대부분의 청소년들이 자신의 문제를 부모가 아닌 다른 사람과 이야기한다는 통계가 있습니다. 우리는 먼저 부모와 입을 열고 대화를 시작해야 합니다. 어느 정도의 세대차이는 지극히 정상적인 일로 여길 수 있어야 합니다.

❶ 나로 인하여 나의 부모님이 기쁘고, 나로 인하여 우리 가정이 더 행복해질 수 있기 위하여 내게 있어 바껴야 될 부분을 생각해 보고, 이 문제를 위해 한 마음으로 기도합시다.

❷ 그리고 사랑하는 부모님께 '사랑의 편지'를 씁시다.

"나의 사랑하는 엄마(아빠)에게"

참된 복

새해가 되면, 거리에는 복을 비는 인사가 만발합니다. "새해 복 많이 받으십시오." 그러면 누구나 환한 얼굴이 됩니다. 옛날 우리네 조상들은 밥그릇, 수저 심지어는 옷에 이르기까지 '福'이라는 글자를 새겨 넣기도 했습니다. 어떤 사람은 임종한 뒤에 사람들로부터 "그는 복 받은 생을 살았다."라는 말을 듣기도 합니다. 그렇다면 정말 복 받는 것은 무엇을 의미하는 것일까요? 과연 복이란 무엇일까요?

당신은 '복'을 무엇이라고 생각합니까?

....

....

예수님께서도 '복'에 대한 말씀을 많이 하셨습니다. 마태복음 5장 1-10절을
읽으세요.

> 1 예수께서 무리를 보시고 산에 올라가 앉으시니 제자들이 나아온지라 2 입을 열
> 어 가르쳐 가라사대 3 심령이 가난한 자는 복이 있나니 천국이 저희 것임이요 4
> 애통하는 자는 복이 있나니 저희가 위로를 받을 것임이요 5 온유한 자는 복이 있나니
> 저희가 땅을 기업으로 받을 것임이요 6 의에 주리고 목마른 자는 복이 있나니 저희가
> 배부를 것임이요 7 긍휼히 여기는 자는 복이 있나니 저희가 긍휼히 여김을 받을 것임이
> 요 8 마음이 청결한 자는 복이 있나니 저희가 하나님을 볼 것임이요 9 화평케 하는 자
> 는 복이 있나니 저희가 하나님의 아들이라 일컬음을 받을 것임이요 10 의를 위하여 핍
> 박을 받은 자는 복이 있나니 천국이 저희 것임이라

이 부분은 산상 보훈의 첫머리입니다. 특히 팔복이라고 불리우는 본문은
단순한 삶을 넘어 하나님 나라의 완전한(윤리의) 대 강령을 보여줍니다.

• 땅을 기업으로(5절) : 이스라엘이 가나안 땅에 들어가 살게 됨으로 성도들
  이 하나님의 나라를 차지하게 됨을 뜻한다.
• 화평(9절) : 죄인이 하나님과 화목하게 됨으로 생기는 행복과 평안

본문을 자신이 이해한 내용으로 간단히 요약해 보세요.

....

❶ 예수께서 말씀하신 '복이 있는 사람' 의 유형을 말해 보세요.

A.

B.

C.

D.

E.

F.

G.

H.

❷ 위 사람과 관계 있는 복의 내용을 연결해 보세요.

첫 번째, 영적 빈곤을 깨닫고 하나님을 갈망하는 사람 (   )

두 번째, 화를 참아내며, 악을 갚지 않고 하나님 손에 맡김 (   )

세 번째, 하나님의 자비를 구하며 죄를 회개하는 사람 (   )

네 번째, 예수님처럼 사랑에 바탕을 두고 용서하는 사람 (   )

다섯 번째, 하나님의 의가 자기 삶 속에 나타나기를 구하는 사람 (   )

여섯 번째, 위선되거나 두 마음을 품지 않는 사람 (   )

일곱 번째, 기꺼이 의를 위해 희생하는 사람 (   )

여덟 번째, 자신이 하나님과 화평한 것처럼 주변을 화목게 하는 사람

(   )

말씀뜻 발견

❶ 위 여덟 가지 복있는 사람의 조건에 당신은 몇 가지나 해당되는지 살펴보세요.

....

....

❷ 우리가 하나님께 복을 구하는 것은 조금도 잘못됨이 없습니다. 하나님의 이름 중에 '엘 샤다이'가 있는데, 이는 복과 위로의 근원이 되시는 하나님을 의미하고 있습니다(출 6:3).

"하나님께서 믿음의 조상인 아브라함을 부르신 것은 (   )을 주시려 함이었으며(창 12:1-3), 따라서 믿는 자는 아브라함과 함께 (   )을 받습니다"(갈 3:9).

❸ 하나님이 주시는 복 두 가지는 무엇입니까? 사람들은 어느 쪽에 관심이 더 있을까요?

창세기 49장 25절

• .... ⇒ (   )

• .... ⇒ (   )

당신은 어떻습니까? 자신의 기도 내용을 점검해 보세요.

....

❹ 그러나 더 큰 복이 있는데 그것은 무엇입니까? (벧전 1:7; 빌 3:14)

....

....

그렇습니다. 천국과 그 나라의 상급이 있습니다. 그것을 바라보는 사람들은 빈부 귀천을 막론하고 행복을 느끼며 살아가고 있습니다. 그들은 예수께서 가르치신 여덟 가지 복을 추구하며 오늘 여기서 힘차게 살아가고 있습니다. 그러나 눈앞의 이익과 쾌락을 위해 믿음의 복을 저버리는 사람들에게는 '에서'의 경고가 있습니다(히 13:16, 17).

하나님께서 많은 사람들 가운데서 우리를 부르신 것은 복을 주시기 위함이지 결코 우리를 괴롭히거나 고달픈 인생을 살게 하려 하심이 아닙니다. 그런데 문제는 현대인들이 하늘의 신령한 복을 무시하고 단지 물질적인 복만을 구하는데 있습니다. 마치 세상 사람들이 복을 받으러 무당을 찾아가듯, 복을 찾으러 교회에 나오는데 있습니다. 그들은 진정 참된 복을 도외시하고 오히려 사소한 것들에게 시선을 쏟고 있습니다.

❶ 오늘 공부한 내용을 생각하면서 '복을 구하는 기도'를 작성해 보세요.

시련의 의미

시련, 고난, 역경 …. 이 쓰라린 단어들은 우리의 생에 어떤 의미가 있
는 것일까요? 더구나 하나님의 자녀라고 불리는 우리에게 있어 시련
은 저주가 아닐까요?
우리 집에만 있다고 생각하는 저 지긋지긋한 가난이나 뜻밖의 교통사
고도 시련일 수 있습니다. 아무리 애써도 올라가지 않는 학과점수도
학생인 당신에게는 시련일 수 있습니다. 만일 당신이 지체부자유자로
서 '장애인'이라는 말을 듣고 있다면, 이 시련이라는 말에 더욱 익숙
할 것입니다. 정말 시련의 의미는 무엇일까요?

요즘 당신에게 있어 제일 고통스러운 것은 무엇입니까? 또 그 이유는 무엇입니까?

마음을
열고

....

....

인생길은 종종 '바다'(苦海)라는 말로 불려 왔습니다. 지금 예수님과 그의 제자들이 바다에서 어떤 일을 겪고 있는지 보세요. 마태복음 8장 23-27절을 읽으세요.

말씀을
펴서

23 배에 오르시매 제자들이 좇았더니 24 바다에 큰 놀이 일어나 물결이 배에 덮이게 되었으되 예수는 주무시는지라 25 그 제자들이 나아와 깨우며 가로되 주여 구원하소서 우리가 죽겠나이다 26 예수께서 이르시되 어찌하여 무서워하느냐 믿음이 적은 자들아 하시고 곧 일어나사 바람과 바다를 꾸짖으신대 아주 잔잔하게 되거늘 27 그 사람들이 기이히 여겨 가로되 이 어떠한 사람이기에 바람과 바다도 순종하는고 하더라

이 사건이 말해 주는 교훈은 '예수님이 모든 자연계의 주인'이시라는 것입니다. 그러나 이 풍랑 속에서의 제자들의 모습은 또 하나의 교훈을 남겨 주고 있습니다.

본문의
이해

• 바다에 큰 놀(24절) : 가파른 산으로 둘러싸인 갈릴리바다는 돌연한 바람에 휘몰리곤 하였다.

본문의 사건을 간략하게 요약해 보세요.

....

....

31

❶ 배에 타고 있던 일행은 누구 누구입니까?

....

❷ 그런데 바다 한가운데서 어떤 일이 일어났습니까?

....

이 상황에서 제자들과 예수님의 반응은 각각 어떠합니까?

제자들 : ....

예수님 : ....

❸ 결국 이 문제를 누가 해결합니까?

....

❶ 제자들이 '예수님을 모시고' 가는 도중임에도 폭풍우를 만났다는 사실은
오늘 우리의 삶에 어떤 의미가 있을까요?

....

....

예수를 믿으면 누구나 불행이 행복으로, 고통이 평안으로 바뀌는 것일까요?
히브리서 12장 5-8절을 읽으며 정리해 보세요.

❷ 만일 그 날 제자들에게 합당한 믿음이 있었다면 어떻게 처신했을까요?

최근에 내가 곤경에 처한 일이 있었다면 그때 나의 모습이 어떠했는지 말해 보세요.

❸ 우리가 고난에 처했을 때 행할 일은 무엇입니까? (히 12:3)

또한 예수님은 우리를 위해 고난을 받으셨을 뿐만 아니라 우리로 하여금 자신의 길을 따라오게 하려고 본을 보이셨습니다(벧전 2:21). 이는 장차 우리의 영광이 되기 때문입니다(롬 8:17). 그러나 자신의 죄나 잘못으로 인한 고난은 큰 가치가 없음도 알아야 합니다.

찰스 코우만 여사의 글 중에는 재미있는 체험담이 하나 있습니다. 그녀는 1년 동안 애벌레가 나방이 되어 나오는 것을 관찰한 뒤에 이렇게 적었습니다. "번데기에서 나방이 기어 나오는 구멍은 너무 작았다. 그 작은 구멍으로 빠져 나오려고 오랫동안 몸부림치는 것을 보고는 견딜 수가 없었다. 그래서 가위를 가져왔다. 그리고 그 구멍을 옆으로 파주었다. 그 나방은 쉽게 빠져 나올 수가 있었다. 그러나 나는 잠시 후 내가 나방의 신세를 망쳐 놓았음을 깨닫게 되었다. 큰 구멍으로 쉽게 나온 나방은 방구석을 기어다닐 뿐, 날아다닐 수 없는 쓸모 없는 존재가 되고 말았던 것이다."

말씀과
함께

❶ 이제 당신은 어떤 시련에 처할 때 맨 먼저 '누구'를 찾아가겠습니까? 또한 시련을 만난 이웃에게 어떻게 하겠습니까?

....

....

당신 주위의 어떤 사람들이 형통하다 해서 한숨 쉬며 부러워할 필요는 없습니다(고전 4:5). 예레미야는 가장 의롭게 살았으면서도 가장 많은 고난을 받았던 사람입니다. 인생길의 폭풍우 그것은 끝도 절망도 아닙니다. 오히려 하나님의 기회요 나의 믿음의 훈련기입니다.

참 사랑은 그 어디에?

이 세상 어느 누구든지 사랑받기를 마다하는 사람은 없을 것입니다. 행복한 삶이란 내가 누군가를 사랑하고 있다는 혹은 사랑을 받고 있다는 보호감과 만족감에 있습니다. 그러나 우리는 사랑에 대해 거의 아는 바가 없습니다. 사랑에는 세 가지 종류가 있습니다. 실로 한 인간의 행복은 자신이 이 세 가지 사랑 중 어느 것을 추구하느냐에 달려 있다고 하겠습니다.

당신의 지난날의 기억 중, 가슴 찡한 사랑의 이야기가 있습니까? 그 내용을 간단히 말해 보세요.

....

....

구약시대에 나타났던 한 덕스럽지 못한 사건을 살펴봅시다. 사무엘하 13장 11-15절을 읽어 보세요.

11 저에게 먹이려고 가까이 가지고 갈때에 암논이 그를 붙잡고 이르되 누이야 와서 나와 동침하자 12 저가 대답하되 아니라 내 오라비여 나를 욕되게 말라 이런 일은 이스라엘에서 마땅히 행치 못할 것이니 이 괴악한 일을 행치 말라 13 내가 이 수치를 무릅쓰고 어디로 가겠느냐 너도 이스라엘에서 괴악한 자 중 하나가 되리라 청컨대 왕께 말하라 저가 나를 네게 주기를 거절치 아니하시리라 하되 14 암논이 그 말을 듣지 아니하고 다말보다 힘이 세므로 억지로 동침하니라 15 그리하고 암논이 저를 심히 미워하니 이제 미워하는 미움이 이왕 연애하던 연애보다 더한지라 곧 저에게 이르되 일어나 가라

다윗의 아들 가운데 하나인 암논은 어여쁜 이복 누이 다말에게 매혹되었습니다. 그는 몸이 아픈 척 하면서 그녀로 하여금 그의 방에서 자기의 시중을 들도록 꾀했습니다. 어느 날 그는 누이를 붙잡고 "와서 나와 동침하자."라고 말했습니다. 그리고 거부하는 동생을 겁탈했습니다. 그런 후에 암논은 그녀를 매우 미워했는데, 그 미움이 전에 사랑했던 그 정도보다 더 심했습니다.

암논이 다말에게 미움이 생긴 이유는 무엇일까 생각해 보세요.

....

....

세상에는 두 가지의 사랑이 있습니다.

첫 번째, '만약에'(If) 사랑 : 어떤 요구 조건을 충족시킨다면 얻어지는 사랑.

예) "나한테 선물을 준다면 …" "나의 기대에 맞는다면 …" "나의 욕망을 채워준다면 …"(가장 흔한 사랑이며 동기는 이기적이다. 목적은 사랑의 대가로 무엇인가를 얻고자 한다.)

두 번째, '때문에'(Because) 사랑 : 그가 사랑을 받을 만한 어떤 조건 ― 미모, 돈, 능력 등 ― 이 있음으로 얻어지는 사랑.

예) "당신이 아름답기 때문에 … " "당신은 자동차가 있으니까 …"(나의 됨됨이 때문에 사람들이 나를 사랑하게 되는 것은 기분 좋은 일이다.)

❶ 암논의 사랑은 위의 어떤 사랑에 해당될까요? 그 이유는?

....

....

이런 천박한 형태의 사랑은 우리가 영화, 잡지, 소설을 통해 흔히 보는 것입니다. 어떤 젊은이들은 성적인 욕구를 만족시켜 얻은 사랑이 무가치함을 깨닫지 못하고 있습니다.

❷ '때문에' 사랑은 '만약에' 사랑보다는 좀 낫다고 볼 수 있습니다. 나의 됨됨이 때문에 사람들이 나를 사랑하게 되는 것은 기분 좋은 일입니다. 그러나 이는 어떤 문제들이 있을까요?

(예 : 뛰어난 미모)

• 청춘이 가면 혹은 사고가 나면?
....

• 더 예쁜 친구가 나타나면?
....

말씀뜻 발견

❶ 그러나 우리는 또 하나의 사랑이 있음을 알아야 합니다. 바로 '불구하고'(In Spite of)의 사랑입니다. 로마서 5장 8절을 펴십시오. 그리고 자기 말로 써 보세요.

....

....

하나님은 우리에게 어떤 요구(If)를 달거나 자격(Because)을 요구하지 않습니다.

❷ 이 사랑을 받은 우리가 실천할 생각은 어떤 것입니까?

요한일서 4장 9절
....

....

놀랍게도 많은 사람들은 '때문에'식 사랑을 택하려는 듯 합니다. 왜냐하면 당당해 보이기 때문입니다. 반면에 자신이 어떠한 존재임에도 '불구하고' 사랑을 받는 것을 굴욕적이라고 생각합니다. 그러나 이것이 바로 하나님께서 우리에게 말씀하시는 것입니다. 따라서 우리는 자존심을 깨뜨리고 자신의 무가치함을 고백하는 대가를 지불해야 합니다.

- 만일 당신이 예수 그리스도 안에서 우리에게 주어진 하나님의 '불구하고'의 사랑을 받아들인 적이 없다면 이 시간 그분께 감사의 기도를 드리세요.
- 만일 당신이 이 사랑을 이미 받고 있다면, 이 사랑을 누군가에게 이야기하기로 정하세요. 그리고 장벽을 쌓고 있는 사람이 있다면 어떻게 행동해야 할지 말해 보세요.

결혼의 의미

가정이 하나의 건물이라면, 오늘날 우리 주변에는 짓다가 허물어진 건물들이 즐비하게 늘어서고 있습니다. 수많은 남녀들이 계산을 하면서 결혼을 하고 또 쉽게 이혼을 합니다. 2001년도 통계청 자료에 의하면 서울에서만도 하루에 212쌍이 결혼을 하고 80쌍이 이혼을 한다고 합니다. 그래서 어떤 사람들은 '결혼을 연애의 무덤'이라고까지 말하고 있습니다.

결혼식은 단 30분 만에 끝나지만 결혼생활은 결코 순식간에 만들어지는 것이 아닙니다. 어떤 부부는 다정한 오누이같지만 그 옆 집의 부부는 원수가 만나 사는 것처럼 살벌하기 그지없습니다. 그러므로 이 결혼이 아직 당신에게는 미지의 벌판같지만, 조만간 다가올 이 결혼을 어떻게 이해해야 할지 깊이 생각해 보아야 할 것입니다.

당신이 보았던 '가장 아름다운 결혼식'에 대해 말해 보세요. 그 결혼식의 주인 공들이 지금은 어떻게 살고 있습니까?

마음을
열고

....

....

우리는 창세기에서 인류 최초의 결혼식을 볼 수 있습니다. 창세기 2장 18-25 절을 읽으세요.

말씀을
펴서

18 여호와 하나님이 가라사대 사람의 독처하는 것이 좋지 못하니 내가 그를 위하여 돕는 배필을 지으리라 하시니라 19 여호와 하나님이 흙으로 각종 들짐승과 공중의 각종 새를 지으시고 아담이 어떻게 이름을 짓나 보시려고 그것들을 그에게로 이끌어 이르시니 아담이 각 생물을 일컫는 바가 곧 그 이름이라 20 아담이 모든 육축과 공중의 새와 들의 모든 짐승에게 이름을 주니라 아담이 돕는 배필이 없으므로 21 여호와 하나님이 아담을 깊이 잠들게 하시니 잠들매 그가 그 갈빗대 하나를 취하고 살로 대신 채우시고 22 여호와 하나님이 아담에게서 취하신 그 갈빗대로 여자를 만드시고 그를 아담에게로 이끌어 오시니 23 아담이 가로되 이는 내 뼈 중의 뼈요 살 중의 살이라 이것을 남자에게서 취하였은즉 여자라 칭하리라 하니라 24 이러므로 남자가 부모를 떠나 그 아내와 연합하여 둘이 한 몸을 이룰지로다 25 아담과 그 아내 두 사람이 벌거벗었으나 부끄러워 아니하니라

창세기 1장은 천지 창조의 순서적 기록을, 2장은 천지 창조의 중심적 존재가 되는 인간을 중심으로 한 기록입니다. 특히 여자의 창조와 가정의 탄생을 보여 주고 있습니다.

본문의
이해

• 이름(19절) : 아담은 동물들의 속성에 따라 각각의 이름을 지음

본문을 자신의 말로 써 보세요.

....

....

말씀을 살피고

❶ 하나님께서는 각종 들짐승과 공중의 새들도 다 지어 아담의 곁에 두셨습니다. 그러나 아담에게 없는 것은 무엇일까요? (20절)

....

그렇습니다. 다른 짐승들이 그 역할을 할 수는 없었습니다.

❷ 최초의 결혼식장입니다.
• 때 : 천지창조 제6일 째 날
• 곳 : 에덴동산
• 주례자 :
• 신랑 :
• 신부 :
• 하객 : 각종 들짐승과 날짐승 여러분
• 신랑의 고백 ....

....

• 주례사 ....

....

❶ 위에서 보는 바 다음 항목은 왜 결혼의 창조 규례에 어긋날까요?

말씀뜻 발견

• 일부 다처제 ....

• 동성 연애 ....

• 이혼 ....

뒷날 예수님께서는 결혼에 관해 어떻게 설명하셨습니까? 마태복음 19장 5, 6 절을 요약해 보세요.

....

....

❷ 다음은 결혼의 세 가지 목적입니다. 관련 있는 것끼리 줄을 이어 보세요.

서로를 지원함 •   • 부부가 몸과 마음의 연합 속에서 성숙해 감.

사랑안에서 함께 자람 •   • 가난할 때나 슬플 때나 서로를 위로하고 돕기 위함.

자녀를 갖기 위함 •   • 하나님은 부부에게 창조와 양육 사역에 동참케 하심.

❸ 사랑은 서로 마주 보는 것이 아니라, 둘이 한 곳을 바라보는 것이라고 합니다. 이런 관점에서 고린도후서 6장 14절을 읽고 당신의 생각을 말해 보세요.

....

....

....

....

....

사람들은 말합니다. 인생이란 태어나서 장성하면 결혼하고 아기를 낳다가 늙어 죽는 것이라고. 그러나 성경은 전혀 새로운 삶을 말하고 있습니다. 인간이란 원래 하나님과 단절된 상태에서(엡 2:1) 그리스도를 만남으로 새로운 존재가 되고(고후 5:17), 그 뒤로 계속해서 그를 닮아가며(롬 8:29), 최후로 주님처럼 되는 것(요일 3:2)이라고. 이는 결혼을 해서 이루어질 수도 있고 또 독신으로 있어도 이루어질 수 있습니다. 그래서 바울 사도는 독신의 문제를 하나님의 은사 차원에서 다루고 있습니다(고전 7:7). 결혼을 하거나 하지 않더라도 삶의 방향은 더 깊은 차원에서 이루어져야 합니다.

❶ 당신이 그리스도인으로서 행복한 결혼의 조건을 꼽는다면 어떤 것들이 있을까요?

....

....

....

자연의 청지기

어느 인공 위성 조종사가 우주에서 지구를 면밀히 관찰해 보니 마치 벌집 모양과 같았다고 합니다. 지구의 환경 오염은 이미 심각한 현실이 되었습니다. 현재 지구는 오존층의 소멸, 온실 효과에 따른 온난화, 산성비에 의한 생태계의 파괴, 사막화의 가속 등 환경적인 문제 뿐만 아니라 각종 호흡기 장애, 중금속 중독, 기형아 출산 등 인류의 21세기 병이 유발되고 있습니다.

우리 주변의 환경 오염을 살펴보며, 당신은 어떻게 자연을 오염시키는지 말해 보세요.

....

....

하나님께서는 자연을 인간에게 맡기셨습니다. 창조의 현장으로 가 봅시다. 창세기 1장 26-31절을 읽으세요.

> 26 하나님이 가라사대 우리의 형상을 따라 우리의 모양대로 우리가 사람을 만들고 그로 바다의 고기와 공중의 새와 육축과 온 땅과 땅에 기는 모든 것을 다스리게 하자 하시고 27 하나님이 자기 형상 곧 하나님의 형상대로 사람을 창조하시되 남자와 여자를 창조하시고 28 하나님이 그들에게 복을 주시며 그들에게 이르시되 생육하고 번성하여 땅에 충만하라, 땅을 정복하라, 바다의 고기와 공중의 새와 땅에 움직이는 모든 생물을 다스리라 하시니라 29 하나님이 가라사대 내가 온 지면의 씨 맺는 모든 채소와 씨 가진 열매 맺는 모든 나무를 너희에게 주노니 너희 식물이 되리라 30 또 땅의 모든 짐승과 공중의 모든 새와 생명이 있어 땅에 기는 모든 것에게는 내가 모든 푸른 풀을 식물로 주노라 하시니 그대로 되니라 31 하나님이 그 지으신 모든 것을 보시니 보시기에 심히 좋았더라 저녁이 되며 아침이 되니 이는 여섯째 날이니라

창세기는 구원의 하나님 뿐만 아니라 창조의 하나님을 이야기하고 있습니다. 창세기 1, 2장은 인간은 어디까지나 피조물이요 동시에 자연의 일부임을 증거하고 있습니다. 이렇듯 성경은 인간을 자연의 관리자로 보고 있습니다.

• 우리의(26절) : 이는 삼위일체 하나님의 동시적인 사역에 의해 인간이 창

조되었음을 나타낸다.

- 자기(His) 형상(27절) : 역시 단수형을 취함으로 삼위일체 하나님을 나타내고 있다.

본문을 자신이 이해한 내용으로 간단히 요약해 보세요.

....

....

❶ 하나님은 엿새 동안의 대 창조 사역을 진행하시고, 그 마지막 시간에 사람을 만드셨습니다. 27절에 의하면 다음과 같습니다.

말씀을
살피고

사람의 모델 : ....

사람에 대한 창조주의 의도 : ....

❷ 28절을 보통 하나님의 인간에 대한 '문화 명령'(Cultural mandate)이라고도 합니다.

"생육하고 번성하여 _____하라, 땅을 _____하라, 바다의 고기와 공중의 새와 땅에 움직이는 모든 생물은 _____ ."

❸ 모든 일을 마치신 창조주의 느낌은 어떠했습니까? (31절)

....

....

❶ 28절에서 우리는 일련의 질서 체계를 볼 수 있습니다. ( ) 안에 맞는 말은 무엇인가요?

( ) ⇒ 인간 ⇒ ( )

창세기 2장 15절을 보십시오. 하나님께서는 인간에게 에덴의 동산을 경작하고 지키는 일을 맡기셨습니다. 즉 인간은 자연의 소유자가 아니라, '관리자'로서 부름을 받은 것입니다.

❷ 하나님은 우주의 숱한 별 중 녹색별 지구를 인간의 보금자리로 '허락' 하셨습니다. 그러나 인간은 자연을 보살피며 평화로 다스리기보다는, 자신의 필요를 마음껏 채우기 위해 자연을 파괴해 왔습니다.

하나님께로부터 자연을 깨끗하고 아름답게 관리하라고 명을 받은 인간은 인구의 증가, 도시의 집중, 산업의 발전, 에너지의 소비 증가라는 외적인 요인 외에도 폐기물의 불법 방출로 환경의 오염은 심화되고 있습니다.

요한복음 6장 12, 13절을 읽으며 당신이 얻을 수 있는 지혜는 무엇인가요?

....

....

❸ 하나님이 주신 자연을 우리는 맑고 푸르게 지킬 책임이 있습니다. 다음에 따르는 실천을 생각해 보세요.

첫 번째, 개인적인 실천

• (예) 일회용품 사용을 줄인다.

•

•

-

두 번째, 가정에서의 실천

-

-

-

세 번째, 교회에서의 실천

-

-

-

네 번째, 학교에서의 실천

-

-

-

한국에 거주하는 어느 한 선교사는 연세가 일흔이 훨씬 넘었음에도 정신적인 면에서는 언제나 젊음이 싱싱합니다. 비가 오는 날이면 준비된 큰 항아리와 음료수 병을 몽땅 마당으로 옮겨 놓습니다. 그 물을 받아서 화초와 정원에 물을 주기 위해서입니다. 가정에서 물을 사용할 때는 수도를 틀어 놓고 사용하는 법이 없고, 목욕은 몸을 담글 정도 이상은 사용하지 않는다고 합니다.

❶ 자연의 청지기로서 당신이 오늘부터 할 수 있는 일은 무엇입니까? (두 가지만 기록해 보세요.)

첫 번째,

두 번째,

나라 사랑

우리 나라는 반만 년의 역사를 가지고 있다고 합니다. 그러나 무지와 미신으로부터의 탈출은 100여 년 전, 기독교 복음이 이 땅에 들어오고 서양 문명이 유입되면서 부터였습니다. 그 이후로도 일본의 36년 간의 침략, 민족간의 비극인 6 · 25를 거쳤으며, 역대 대통령들의 장기 집권으로 인한 4 · 19와 5 · 16 군사 혁명의 발발 등의 혼란기를 지나 1980년대에 이르기까지 경제 부흥은 이루었으나 더 많은 문제를 나타내었습니다. 이런 저런 핑계로 많은 사람들이 정부를 욕하고 이웃을 비웃으며 자기만을 챙기기 시작했습니다.

2000년대를 살고 있는 현 시점에서 우리의 나라 사랑 지수를 점검해 볼까요?

당신은 우리 나라를 싫어하는 사람입니까? 아끼는 사람입니까? 그 이유를 하나만 말해 보세요.

....

....

이스라엘 사람들은 유별난 나라 사랑의 마음을 가진 사람들이었습니다. 히브리서 11장 24-26절을 읽으세요.

24 믿음으로 모세는 장성하여 바로의 공주의 아들이라 칭함을 거절하고 25 도리어 하나님의 백성과 함께 고난 받기를 잠시 죄악의 낙을 누리는 것보다 더 좋아하고 26 그리스도를 위하여 받는 능욕을 애굽의 모든 보화보다 더 큰 재물로 여겼으니 이는 상주심을 바라봄이라

모세의 경우, 그 당시 국가의 정치 체제가 조직화되기 이전이었기 때문에 국가보다는 민족을 사랑했다는 것이 옳습니다. 그는 히브리 민족의 지도자로 소명된 사람이었기 때문에 민족애 역시 각별했습니다. 그는 동족이 겪는 고통을 자기의 것으로 삼고 출세의 길을 포기하고 민족 지도자로서의 외로운 길을 택했습니다.

• 죄악의 낙(25절) : 애굽의 궁전에서 누릴 수 있는 사치와 특권을 가리킨다.
• 그리스도를 위하여 받는 능욕(26절) : 그리스도가 겪으신 것과 유사한 고난

본문의 내용을 요약해 보세요.

....

....

말씀을 살피고

❶ 모세는 바로의 공주의 양자로서, 유모 요게벳(사실은 친어머니)의 품에서 자랐습니다. 이때 그가 간직한 것은 무엇입니까? (24절)

....

....

결국 진정한 애국은 신앙에서 시작됩니다. 그래서 '거절한' 것은 무엇입니까? 이것은 무엇 무엇을 포기하는 것이 됩니까?

....

....

❷ 뒷날 모세는 어떠한 간구를 여호와께 드립니까?

출애굽기 32장 32절 ....

....

❸ 구약 역사의 흐름은 이스라엘의 배신과 하나님의 징계와 심판 그리고 이스라엘의 회개와 하나님의 용서로 이어지면서 악순환이 되풀이되고 있습니다. 사무엘의 자세는 어떠했습니까?

사무엘상 12장 23절 ....

....

사무엘은 청렴 결백한 지도자였습니다. 하나님을 두려워하며 경외하는 지도자와 백성이라야 진정한 민족애를 발휘할 수 있습니다.

**말씀뜻
발견**

❶ 그러나 이 땅의 나라나 민족이 절대적인 것은 아닙니다. 예수님께서는 무엇이라고 하셨습니까?

요한복음 18장 36절 ....

....

우리는 나라의 법과 제도가 기독교적 원리를 침해하지 않는 한 그것을 준수해야 합니다. 나라에 대한 헌신은 하나님과 이웃에 대한 사랑에 우선해서는 안 됩니다. 나라 사랑은 이웃 사랑이어야 합니다.

❷ 우리의 애국심은 다른 민족이나 국가에 대한 배타심으로 나갈 수 없습니다. 일본의 민족이기주의는 타민족 침략과 신사참배 강요 등으로 나타났습니다. 요즈음 나라간의 어떤 '민족이기주의'를 볼 수 있습니까?

....

....

....

....

마태복음 22장 37-40절에 보면 예수님께서는 우리의 최대 사명이 마음과 영혼과 뜻을 다해 하나님을 사랑하는 것이라고 말씀하십니다. 그리고 동등하게 우리는 우리의 이웃 — 흑인종이든 백인종이든 — 을 사랑해야 합니다. 그 사랑은 바로 내 곁의 이웃 — 내 민족 — 으로부터 시작해야 한다는 것입니다.

크리스천 나라 사랑 십계명

첫 번째, 이 나라를 주신 하나님의 뜻을 분별하여 이 나라의 주인이신 하나님을 경외하라.

두 번째, 이 나라의 잘됨을 위해, 남북 통일과 위정자들을 위해 매일 기도하라.

세 번째, 각자 처한 자리에서 성실하게 자기의 본분을 다하며, 절제하는 생활로 우리 것을 사랑하고 사용하여 건강하고 경건한 생활을 하라.

네 번째, 작은 일에서부터 타인과의 약속에 이르기까지 정직한 자세를 가지고 내 눈의 들보를 먼저 생각하라.

다섯 번째, 무슨 일이든 내가 먼저 질서를 지켜 본을 보이라.

여섯 번째, 우리에게 주어진 모든 것은 하나님의 것으로 우리 소유는 하나도 없음을 기억하고, 나누어 가지는 태도를 몸에 배게 하라.

일곱 번째, 하나님이 주신 생명을 귀하게 여기고, 내 몸과 같이 이웃을 사랑하라.

여덟 번째, 하나님이 주신 창조 질서와 자연 환경을 그대로 보전하기 위해 나와 내 집부터 아껴쓰고 나눠쓰고 바꿔쓰고 다시쓰기(아나바다 운동)를 실천하라.

아홉 번째, 남의 허물을 덮어주고 내가 감싸고 헌신하는 용서와 화해의 마음을 가져라.

열 번째, 주의 말씀으로 자녀를 기르고 부모님을 공경하라.

말씀과
함께

❶ 예레미야 9장 1절을 묵상하세요. 그리고 우리의 조국을 위해 구체적으로
기도하세요.

땅은 누구의 것인가?

인간을 포함하여 모든 것의 주인은 창조주 하나님 한 분 뿐입니다. 따라서 토지도 분명히 하나님의 소유일 뿐 그 누구도 토지에 대한 소유권을 주장할 수가 없으며 인간은 하나님의 식객에 지나지 않는다는 것이 성경에 나타난 토지관입니다. 그러나 언제부터인가 인간이 월권을 하기 시작했습니다. 자기 마음대로 경계선을 긋고 말뚝을 박고 소유권을 일방적으로 선포하기 시작하였습니다. 나머지 인간들은 노예나 소작인으로 전락되어 버렸습니다.

당신은 주위에서 '땅 투기' 혹은 '부동산 투기'란 말을 들어 보았습니다. 과연 그것은 무엇이라고 생각합니까?

성경의 토지법의 핵심은 레위기 25장에 나타나 있습니다. 25장 23-28절을 읽으세요.

23 토지를 영영히 팔지 말것은 토지는 다 내 것임이라 너희는 나그네요 우거하는 자로서 나와 함께 있느니라 24 너희 기업의 온 땅에서 그 토지 무르기를 허락할지니 25 만일 너희 형제가 가난하여 그 기업 얼마를 팔았으면 그 근족이 와서 동족의 판 것을 무를 것이요 26 만일 그것을 무를 사람이 없고 자기가 부요하게 되어 무를 힘이 있거든 27 그 판 해를 계수하여 그 남은 값을 산 자에게 주고 그 기업으로 돌아갈 것이니라 28 그러나 자기가 무를 힘이 없으면 그 판것이 희년이 이르기까지 산 자의 손에 있다가 희년에 미쳐 돌아올지니 그가 곧 그 기업으로 돌아갈 것이니라

이스라엘은 여호수아의 인도로 가나안 땅을 점령한 후 각 지파별로 땅을 배정하였습니다. 그 때 땅을 바둑판처럼 갈라 제비뽑기로 땅을 각 가정에 나누었습니다. 그 몫을 '기업'이라 하였습니다. 그 기업은 하나님이 자기 가정에 주신 것이기에 좋은 땅이든 나쁜 땅이든 감사함으로 받았습니다.

• 토지 무르기(24절) : 원래의 가족이 토지를 구입할 권리를 말한다.
• 근족이 와서(25절) : 당시에는 가까운 친척을 '기업 무를 자'로 알았다.

위 내용을 자신이 이해한대로 요약해 보세요.

··

··

말씀을
살피고

❶ 땅을 사람이 팔고 살 수 있습니까? (23절)

··

그 이유는 무엇입니까?

··

결국 토지의 주인은 여호와시요 백성들은 소작인이라는 뜻입니다.

❷ 그러나 너무 가난하여 팔았다면 … 어떻게 해야 합니까? (25절)

··

다시 자신이 부유하게 된다면? (27절)

··

❸ 그러나 다시 사올 능력이 없으면 땅은 어떻게 됩니까?

··

① 결국 토지에 대한 성경의 가르침은 다음과 같습니다.

첫째로 토지를 '영원히' 팔 수 없고 설사 팔았다고 하더라도 본인이나 형제 또는 (   )이 언제라도 그 계약을 취소하고 무를 수 있는 권리를 가진다는 것이다.

둘째로 그 토지를 무를 만한 (   )이 되지 않는 사람이라도 이스라엘에서 50년마다 선포되는 (   )에는 그 토지를 아무런 대가없이 되돌려 받을 수 있는 권리를 인정하는 것이다.

보기 : 경제적 형편, 희년, 가까운 친족, 안식년

② 하나님은 사람으로 하여금 누구라도 자신의 삶에 필요한 최소한의 땅을 소유할 수 있도록 보장하는 동시에, 누구라도 필요 이상으로 많은 땅을 영원토록 독점하는 것을 금하십니다. 그러나 이스라엘이 멸망할 무렵에는 어떤 일이 벌어졌습니까?

이사야 5장 8절 ....

....

이스라엘의 멸망은 단지 우상숭배 때문만이 아니라 토지의 독점과 가난한 사람들을 착취하는 사회적 모순이 팽배했기 때문입니다. 그러나 초대교회는 어떤 일이 있었습니까?

사도행전 2장 45절 ....

....

온 백성이 초대교회 교인들을 칭찬한 것은 바로 그들의 변화된 물질생활 때문이었습니다.

자손대대로 농사를 짓지 않을 그리스도인은 시골의 논밭을 사는 일 따윈 중지해야 할 것입니다. 그리고 이미 투기의 목적으로 사두었거나 필요 범위를 넘는 땅이나 집들을 소유하고 있다면 가난한 사람들, 고아, 장애자와 같은 소외된 사람들을 위해서 사용하도록 해야 할 것입니다. 또 다른 사람들이 투기로 돈을 벌었다 해도, 자신의 소유에 만족하여 나누어 주는 삶에서 기쁨을 찾아야 할 것입니다(시 37:1).

❶ 지금 우리 나라는 5–6%의 인구가 전 국토의 65.2%를 차지하고 있습니다. 이 슬픈 현실에 그리스도인들이 가질 자세는 무엇일까요? '평생토록 가질 땅에 대한 나의 입장'을 간단히 정리해 보세요.